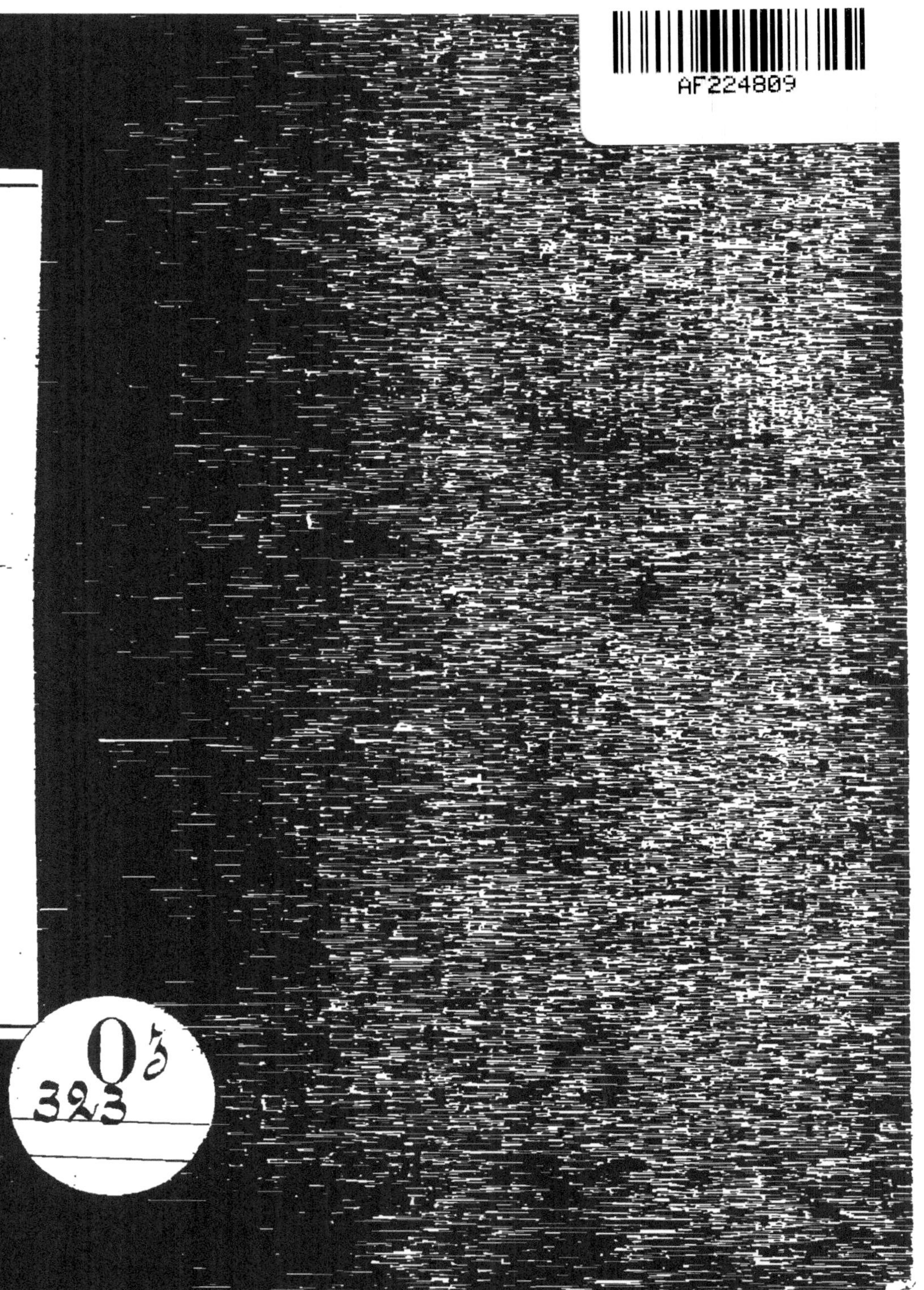
AF224809

VIE

DE

Saint Antoine de Padoue

SUIVIE DE

La Neuvaine recommandée par M. DUPONT

PAR

Le R. P. C.

TOURS

ALFRED CATTIER

ÉDITEUR

AVANT-PROPOS

Il est facile de reconnaître le but qu'on se propose en publiant, en forme d'avant-propos, l'opinion du R. P. Nouet sur la dévotion des fidèles envers saint Antoine de Padoue.

En effet, le pieux auteur de la *Vie de Jésus dans les Saints* a entrevu de loin l'avantage inestimable d'une prière qui aurait pour fin unique les biens spirituels ; et tout le monde comprendra que, si journellement la confiance du Chrétien est récompensée, lorsque saint Antoine est invoqué dans les affaires purement matérielles, à plus forte raison doit-on être assuré de sa puissante intercession auprès de Dieu, quand, avec un louable sentiment de foi, la pensée se reporte sur la recouvrance des biens de l'âme :

Voici comment s'exprime le R. P. Nouet dans sa méditation pour le 13 juin, fête de saint Antoine de Padoue :

« ... Saint Antoine vint en Italie, où la divine Provi-
« dence fit éclater sa sainteté par un grand nombre de
« miracles et lui attira l'estime et la vénération de tous
« les peuples, qui recourent à lui encore aujourd'hui dans
« leurs besoins, surtout pour retrouver les choses qu'ils
« ont perdues ou égarées.

« Faites-en l'expérience à la première occasion. Le
« crédit que saint Antoine de Padoue a auprès de Dieu,
« pour ce sujet, condamnera sans doute l'impiété de ceux
« qui consultent les devins, et qui perdent leur âme pour
« retrouver une chose de néant, et qu'ils pourraient
« retrouver par des voies saintes et légitimes. Hélas! sou-
« vent nous perdons la présence de Dieu, souvent notre
« esprit s'égare et perd l'attention dans nos prières, sou-
« vent nous perdons la charité, la dévotion et la grâce,
« par notre négligence, sans nous en mettre en peine ! Que
« nous serions heureux, ô grand Saint, si nous pouvions,
« par l'entremise de vos prières, retrouver CES BIENS DE
« L'AME ! ! ! »

VIE

DE

SAINT ANTOINE DE PADOUE
Par le R. P. C.

PRÉCÉDÉE D'UNE RÉFLEXION DU P. NOUET
SUR CETTE DÉVOTION, RECOMMANDÉE PAR M. DUPONT
ET SUIVIE DE LA NEUVAINE EN L'HONNEUR DU SAINT

———

Un saint évêque disait qu'il y avait peu de personnes qui n'eussent une très grande dévotion à saint Antoine de Padoue; aussi, cet ami de Dieu ne refuse pas son appui à ceux qui le prient avec ferveur; au contraire, il s'empresse d'exaucer les demandes qui lui sont adressées. Par son intercession, les navigateurs sont préservés du naufrage, les malades sont guéris, les époux obtiennent que leur union soit heureuse, et les voyageurs échappent aux nombreux périls qui les menacent [1].

Ce saint, écrit un grand docteur, a reçu du Seigneur un privilège spécial concernant les choses perdues. En effet, on retrouve souvent, par son intercession, les objets égarés. Aussi est-ce à juste titre que nous pouvons lui dire ce que saint Bernard disait à la Mère de Dieu : « Qu'il cesse de publier vos louanges, ô bienheureux Antoine, celui qui, vous ayant invoqué dans un pressant besoin, n'a reçu aucun secours de votre part [2]. »

Il est évident qu'on peut solliciter toutes sortes de grâces par les mérites de saint Antoine, mais on s'adresse plus généralement à lui dans quatre circonstances spéciales : 1º pour retrouver les objets égarés ; 2º pour la guérison des maladies ; 3º pour connaître les intentions de Dieu sur soi-même ou sur les autres ; 4º pour le succès des entreprises qui accroissent la gloire du Seigneur, le salut du prochain, ou simplement encore ses intérêts temporels. L'important est de prier avec une foi vive, une grande

———

1 *Opera sancti Antonii Paduani*, 1787, p. 3.
2 GUILLAUME PÉPIN, sermo de S. Antonio. — *Opera sancti Antonii*, p. 3.

confiance, en commençant surtout par purifier sa conscience et en faisant la sainte communion ; c'est alors qu'on pourra tout espérer de la puissante intercession de celui qui a mis son bonheur, dans sa vie entière, à soulager tous les genres d'infortunes.

Le Souverain Pontife Léon XIII demandait un jour à Don Locatelli, agenouillé devant lui : « D'où êtes-vous ? — De Padoue, Saint-Père. — De Padoue ! quel bonheur ! Aimez-vous beaucoup votre saint, votre grand saint Antoine ? — Ah ! Saint-Père, si je l'aime ! Je suis né, j'ai grandi près de son tombeau et j'ai le bonheur de porter son nom. — Mon fils, vous ne l'aimez pas encore assez ! Il faut l'aimer, il faut le faire aimer ; car saint Antoine, sachez-le bien, n'est pas seulement le saint de Padoue, il est le saint de tout l'univers [1]. »

C'est pour faire connaître le « saint de tout l'univers », et répondre aux désirs de Léon XIII, ainsi qu'aux sollicitations des personnes pieuses, que nous avons voulu faire suivre d'un abrégé de la vie de saint Antoine de Padoue la neuvaine de ce grand saint, que nous avons publiée, il y a quelques années, à la recommandation du saint homme de Tours (M. Dupont), qui avait une si grande dévotion pour le saint thaumaturge.

Le moment nous semble d'autant plus favorable que les événements de Toulon viennent de donner un nouvel attrait à cette dévotion ; chacun veut connaître sa vie et ses vertus et, en le connaissant mieux, on l'aimera davantage.

La ville de Padoue a eu l'honneur de l'enfanter à la vie de l'éternité, mais c'est à Lisbonne, vieille et gracieuse cité bâtie sur la rive droite du Tage, que naquit notre Bienheureux, le 15 août 1195. Son père, Martin de Bouillon, sa mère, Thérèse Tavera, issus l'un et l'autre de familles illustres, unissaient la bravoure à la piété. Don Martin descendait de Godefroy de Bouillon, le chef de la première Croisade, et, en récompense de ses glorieux faits d'armes, il avait été

---

[1] *Les grandes Gloires de saint Antoine de Padoue*, par le R. P. MARIE-ANTOINE

nommé gouverneur de Lisbonne. Les ancêtres de Thérèse Tavera avaient régné, au viii⁰ siècle, sur les Asturies. Dieu bénit leur union. Le nouveau-né fut porté avec une grande solennité sur les fonts sacrés, où il reçut le nom de Ferdinando (Ferdinand).

En berçant son fils sur ses genoux, elle lui apprend à répéter le doux nom de Marie, et en grandissant elle lui fait balbutier une de ses hymnes les plus connues : *O Glorieuse Souveraine* : aussi, le culte à Marie le guidera-t-il pendant toute son existence. Sous cette douce influence, toutes les vertus germent et s'épanouissent dans son cœur. A dix ans, il fait vœu de virginité devant un tableau de la Madone et entre à la maîtrise de la cathédrale pour se former à la vertu en même temps qu'à la science.

C'est à cette époque qu'eut lieu le premier miracle dont parlent les hagiographes. Comme il priait avec une angélique ferveur dans le sanctuaire de Notre-Dame-del-Pilar, le Démon lui apparaît astucieux, épouvantable, essayant de l'intimider pour le détourner de ses voies. L'adolescent, se souvenant de la puissance du signe de la Rédemption, s'incline, et avec son doigt il trace une croix sur la dalle. L'ange des ténèbres disparut aussitôt, mais la croix miraculeuse est toujours visible, et ce vestige ineffaçable est demeuré l'objet d'une grande dévotion. Après cette lutte avec le prince des ténèbres, le jeune Ferdinand rentra en lui-même, se livrant à des réflexions sérieuses sur la brièveté du temps et le néant des grandeurs d'ici-bas. Cinq ans après, il dit adieu au monde, pour entrer chez les chanoines réguliers de l'ordre de Saint-Augustin, d'abord à Lisbonne, ensuite dans leur monastère de Sainte-Croix, à Coimbre.

Il y trouva ce qu'il cherchait : la solitude et la paix de Dieu ; et, comme la Providence l'avait richement doté, tous les trésors de la science s'entassaient sans effort dans sa mémoire qui était prodigieuse. Ses maîtres ne pouvaient taire leur admiration en face d'une sainteté et d'une érudition si extraordinaires ; aussi tant d'avantages décidèrent-ils ses supérieurs à le présenter aux ordres sacrés, qu'il reçut avec un redoublement de ferveur, en 1219. Après quelques années passées dans cette humble retraite, il fit part de ses aspirations intimes à ses supérieurs et de son désir d'entrer chez les Franciscains de la petite ville d'Olivarès, avec l'espoir d'aller prêcher l'Evangile au Maroc et d'y sceller de son sang les enseignements du christianisme. Après avoir obtenu l'autorisation du Prieur, il quitta la robe blanche des

Et, avec son doigt, il trace une croix sur la dalle. (P. 4.)

chanoines de Saint-Augustin pour prendre la bure franciscaine, c'est-à-dire la pauvreté séraphique sous le nom d'*Antoine*, que l'histoire lui a conservé [1].

1 Saint François d'Assise n'avait laissé en mourant, à ses nombreux disciples, membres d'une chevalerie nouvelle qui devait se répandre dans tout l'univers, d'autre héritage que l'amour qu'il portait à Dieu et à l'humanité souffrante. Ses disciples recueillirent pieusement ce legs, et les légendes franciscaines de ce temps héroïque nous montrent saint Antoine de Padoue, que le patriarche séraphique

Dans la crainte d'être arrêté par ses parents, qui pouvaient trouver cette tentative téméraire, il précipita son départ et s'embarqua pour le Maroc en novembre 1220. — Mais, hélas ! à peine le jeune missionnaire a-t-il abordé sur ces plages inhospitalières qu'une fièvre violente, des douleurs le forcèrent à s'aliter pendant tout l'hiver. Son désir du martyre ne sera donc pas satisfait; non, il ne tombera pas sous le cimeterre des infidèles ; Dieu lui destine le sol de l'Europe, où il doit moissonner des âmes et mériter ainsi l'auréole de l'apostolat, tandis qu'il réserve à d'autres la palme du martyre.

Lorsqu'il eut recouvré la santé, il résolut de se rendre à Messine, où avait lieu la convocation du chapitre général de l'Ordre, pour se mettre à la disposition de ses supérieurs. Le saint fondateur répartit les charges, indiqua les nouvelles missions, les résidences, et saint Antoine fut oublié comme inconnu au milieu de ses frères, lui qui devait en être le plus célèbre. Dieu permettait cette humiliation sans doute parce qu'il réservait cette lumière pour un temps plus opportun. Le Père Provincial de Bologne lui désigna alors l'ermitage de *Monte Paolo*, près de Forli, où il pourrait se livrer à la contemplation, tout en remplissant les charges les plus basses de la maison [1].

Mais le moment approche où la Providence va décider, dans une séance mémorable, de l'avenir de notre jeune saint.

L'an 1222, les cérémonies de l'ordination appelaient à Forli plusieurs religieux qui devaient recevoir les ordres sacrés. Le P. Gratien, Provincial, s'y

se plaisait à appeler « son disciple bien-aimé », aimant avec passion la pauvreté, la croix, les pauvres, les malheureux, tous ceux qui souffrent. C'est là qu'est la vraie cause de son influence sur les âmes, c'est par là qu'il est devenu un saint populaire.

1 Les Franciscains, en se faisant pauvres, honoraient la pauvreté, c'est-à-dire la plus méprisée et la plus générale des conditions humaines; ils calmaient ainsi les ressentiments des classes indigentes et les réconciliaient avec les riches qu'elles apprenaient à ne plus envier. Saint Antoine, en épousant la pauvreté, à l'exemple de son glorieux père saint François, avait adopté le meilleur moyen d'apaiser cette vieille guerre de ceux qui ne possèdent pas contre ceux qui possèdent, et par là il mérite un nouveau titre à la reconnaissance des peuples.

était rendu avec le Frère Antoine ; il offrit l'honneur de l'allocution qui devait être prononcée en cette circonstance à quelque religieux d'un autre ordre que le sien ; sur le refus de parler ainsi à l'improviste et sans préparation, il chargea son compagnon de voyage d'adresser aux ordinands quelques mots d'édification, simples et sans recherche. Il baissa la tête, gardant le silence, mais par obéissance il commença à parler. Il prit pour texte : « Le Christ s'est fait obéissant jusqu'à la mort sur la croix. » Il s'exprima d'abord avec une certaine timidité, mais peu à peu son discours devint entraînant, enflammé, et de ses lèvres qu'on croyait ignorantes sortirent les accents d'une éloquence surnaturelle. Les assistants se demandaient s'ils ne devaient pas admirer la beauté de son intelligence autant que la grandeur de son humilité.

Le Provincial de Bologne informa du succès de son protégé le séraphique saint François, puis il lui permit d'annoncer la parole de Dieu dans toute la péninsule. Il est tellement doué pour la prédication qu'il a toutes les qualités qui distinguent l'orateur sacré : la douce persuasion, le feu de l'entraînement, la connaissance parfaite du cœur humain, et la science de l'Evangile ; aussi les miracles de toutes sortes viennent donner une nouvelle force à sa parole.

Rentré à Bologne, ses supérieurs lui ordonnèrent de franchir les Alpes et de se rendre à Montpellier, ville où venait de se réunir un concile provincial pour apaiser les troubles du Midi. Il prêchait partout, s'adressant de préférence aux petits, aux déshérités, avec un désintéressement parfait, afin de les gagner tous à Dieu. Le jour de Pâques 1221, comme il prêchait dans la cathédrale de Montpellier, il se souvint qu'il avait été désigné pour chanter en ce moment même une messe solennelle dans la chapelle de son couvent, et qu'il avait oublié de se faire remplacer. Désolé de cet oubli, il s'enveloppa la tête de son capuchon et demeura immobile, à l'étonnement des spectateurs. Un prodige de bilocation venait de s'opérer : Dieu permettait qu'il chantât l'office, en personne, dans son monastère, tandis que, l'office terminé, il reprenait ses sens, se redressait et continuait sans aucune émotion le discours commencé.

Vers la fin de la même année, le jeune prédicateur quitta Montpellier pour Toulouse, où il fit comme partout des œuvres merveilleuses de salut. Durant le séjour d'Antoine en cette ville, le 14 août, on devait lire dans son monastère, à l'office de *Prime*, le martyrologe d'Usuard qui, au sujet de la belle fête de l'Assomption, disait que l'Eglise ne s'était pas pro-

C'est alors que la sainte Vierge lui apparut.

noncée sur l'Assomption corporelle de la sainte Vierge. Blessé dans sa conscience et ses convictions, il était perplexe, quand sonna l'heure de se rendre au chœur. C'est alors que la sainte Vierge lui apparut pour consoler son dévoué serviteur, qui avait porté si haut les grandeurs et les prérogatives de la Vierge Immaculée. Elle était environnée d'une lumière brillante comme les étoiles, plus limpide que l'eau des torrents, plus blanche que la neige, et elle lui dit avec douceur : « Sois bien persuadé que je suis restée trois jours dans le sépulcre, préservée de la corruption et de la morsure des vers, et que je suis montée au Ciel en corps et en âme, sur l'aile des anges, à la droite du Fils de Dieu, suivant la tradition de la sainte Eglise. » Après cette vision, Antoine, rempli de joie, devint plus que jamais l'apôtre du glorieux mystère de l'Assomption. Bientôt il gagna le Centre de la France et vint prêcher l'ouverture du Concile de Bourges, en novembre 1225.

Il eut dans cette ville le même succès qu'ailleurs. Dieu l'assistait partout et ne lui refusait aucun miracle, et il le montra par un prodige inouï dans la vie des Saints, qui mérite d'être raconté plus au long.

L'hérésie du manichéisme albigeois avait pénétré comme une peste contagieuse jusqu'à Bourges, et c'était contre elle que saint Antoine prêchait tous les jours.

Or, il y avait dans son auditoire un homme appelé Guyald, ou Guillard, dont l'influence mauvaise était très grande. Riche, éloquent, goûté du peuple et obstiné dans l'erreur comme un Juif qu'il était, dit-on, il s'opposait à Frère Antoine et ne se regardait jamais comme vaincu.

Pour rendre la discussion plus dangereuse, il la porta sur l'Adorable Eucharistie, et, comme ce mystère renferme plus que tout autre des profondeurs insondables où la raison n'a plus de lumière, et où la foi elle-même n'ose regarder sans être émue, Guyald espérait que les arguments de Frère Antoine seraient moins écrasants.

Il se trompa, car son saint adversaire répondit à toutes ses objections, à tous ses blasphèmes avec une merveilleuse clarté et une force irrésistible.

Guyald était évidemment vaincu, et les fidèles montraient autant de joie que les hérétiques de dépit.

Etait-ce fini ? Rien n'est opiniâtre comme l'enfer, et l'enfer vint au secours de Guyald, en lui suggérant une pensée vraiment diabolique.

« Assez de discussions, s'écria Guyald. Peu les « comprennent, et chacun s'y donne raison ! Je de- « mande des faits pour prouver à tout le monde la

« vérité de la présence de votre Dieu dans ce que
« vous appelez l'hostie consacrée.

« Et je ne veux pas qu'un homme soit juge, il y
« pourrait mettre de la passion ! Prenons un animal
« sans raison comme sans malice, et voici ce que je
« vous propose devant toute cette foule :

« J'ai dans mes écuries une mule vigoureuse, que
« je vais priver de nourriture pendant trois jours, et
« après ce jeûne terrible je l'amènerai ici, folle de
« faim, en présence de ce peuple.

« De votre côté, vous apporterez votre Eucharis-
« tie : vous viendrez près de moi. Alors j'offrirai de
« la nourriture à ma bête. Vous lui montrerez votre
« hostie..., et si elle délaisse ce que je lui présenterai
« pour s'occuper uniquement de votre Sacrement
« mystérieux, je vous jure, foi de Guyald ! que je re-
« connaîtrai dans votre hostie une force miraculeuse
« et divine ; que je l'adorerai et croirai tout ce que
« vous enseignez. »

La ruse de l'enfer était bien ourdie.

Frère Antoine accepterait-il une provocation
presque sacrilège ? S'il refusait, comme il semblait
assurément devoir le faire, Guyald et les hérétiques
s'en prévaudraient insolemment.

S'il accepte, Dieu accordera-t-il un miracle aussi
étrange ?

Les prêtres et les fidèles étaient dans l'angoisse.

Frère Antoine accepta :

« Allez, dit-il à Guyald, affamez votre mule, et
« amenez-la dans trois jours. J'espère de la miséri-
« corde de mon Dieu, pour vous et les autres pé-
« cheurs, qu'il manifestera sa présence sacrée et que
« vous deviendrez son Adorateur. »

Ce ne fut pas assurément sans frissonner que les
fidèles entendirent saint Antoine prendre devant tous
un pareil engagement. On attendit dans la prière et
les œuvres de pénitence que Dieu daignât confirmer
la mission de son Serviteur.

Les trois jours passèrent, et l'heure de l'épreuve
arriva.

On avait choisi une des places de la ville, plus pro-
bablement le vaste cirque des anciennes arènes que

les Romains avaient bâties et qui étaient presque entières.

De bonne heure, catholiques et hérétiques s'y assemblèrent en foule : les uns partagés entre l'espoir et la crainte, les autres tout fiers d'un triomphe qu'ils croyaient assuré. Quel acte de religion pouvait-on, en effet, attendre d'une pauvre brute affamée !

Aux acclamations des hérétiques, Guyald parut avec sa mule dont les forces semblaient épuisées par ce long jeûne.

Il tenait à l'écart, mais toute prête, la nourriture dont l'humble bête avait si grand besoin.

On attendait saint Antoine. Sans tarder, il sortit de l'église voisine, précédé des clercs qui portaient des cierges allumés. Il tenait dans ses mains le vase sacré où apparaissait la blanche hostie, et s'avançait gravement pénétré d'un recueillement profond.

Tous les cœurs battaient d'émotion, et de toutes parts les prêtres et les fidèles priaient avec ardeur le Dieu infiniment puissant à qui rien ne saurait résister.

Saint Antoine s'approcha de la mule, et, élevant la voix, cria :

« Au nom de ton Créateur, que malgré mon indignité je porte véritablement dans mes mains, je m'adresse à toi, ô animal privé de raison, et je t'ordonne de venir aussitôt témoigner le respect que tu lui dois, afin qu'à ce signe les hérétiques pervers reconnaissent que toute créature est soumise à ce Dieu que le prêtre touche chaque jour à l'autel. Obéis ! »

Aussitôt Guyald se présenta devant la mule en lui offrant l'excellente nourriture dont elle avait un violent désir.

Or, voici que la pauvre bête affamée se détourne de son maître et de ce qu'il lui présente : elle s'avance vers Antoine, fléchit deux genoux, et se tient respectueusement en cette attitude. Et tout le monde le voyait :

Qui dirait les éclats de joie des fidèles et la stupeur des hérétiques !

... Guyald tint parole. Il l'avait juré. Il se fit baptiser avec sa femme et ses enfants, et sa reconnaissance fut généreuse, car auprès de l'église de Saint-Pierre, presque neuve, mais, selon toute apparence, trop petite, il en fit bâtir une seconde, plus grande et plus riche, et qui fut consacrée en 1231. C'est l'église paroissale d'aujourd'hui, où saint Antoine est très honoré et très généreux pour ceux qui l'y invoquent.

Saint Antoine quitta Bourges et fut nommé, en septembre 1226, custode de Limoges, ce qui veut dire supérieur de plusieurs monastères relevant de cette ville avec la charge de maintenir la discipline à l'intérieur, et de prêcher au dehors en excitant la foi et la piété ainsi qu'à la propagation de l'Ordre

Elle s'avance vers Antoine, fléchit deux genoux et se tient respectueusement en cette attitude. (P. 11.)

Ses prédications, à Limoges, excitaient un tel enthousiasme qu'il lui fallait prêcher en plein air, les églises n'étant plus assez spacieuses pour contenir les foules qui accouraient pour l'entendre. Au milieu de l'un de ses sermons, un orage éclate sur la ville, les nuages s'assombrissent, les éclairs déchirent les nues, chacun commence à fuir, lorsque le Bienheureux, toujours confiant dans sa mission, leur crie : « Vous n'avez rien à craindre, la pluie même ne vous atteindra pas. »

En effet, les auditeurs remarquent avec une certaine stupéfaction que, selon sa promesse, la pluie inonde les rues de la cité pendant qu'il ne tombe pas une seule goutte d'eau sur la place.

Dans toutes les villes du Limousin, aussi bien que dans les campagnes, tous faisaient appel à son dévouement, les petits surtout, les déshérités de la vie, les malades, les pécheurs qui l'appelaient

Quel ne fut pas son étonnement en trouvant son enfant dans la baignoire, le sourire sur les lèvres et sans aucune brûlure. (P. 14.)

le *semeur de miracles*. Un jour, au moment de son arrivée dans un village, une mère préparait un bain pour son enfant. Dans son empressement à courir au-devant du saint, elle déposa son enfant dans une baignoire d'eau bouillante au lieu d'eau tiède. A son retour du sermon, se rappelant sa méprise, plus

★

morte que vive, elle accourait. Quel ne fut pas son étonnement en trouvant son enfant dans la baignoire, le sourire sur les lèvres et sans aucune brûlure [1].

Un soir, chez le seigneur de Châteauneuf, dont il était l'hôte, rentré dans sa chambre, pendant qu'il veillait, le divin Jésus se présenta à lui sous la forme d'un enfant resplendissant de douceur, tandis qu'il était lui-même environné d'une clarté plus éclatante que celle du soleil. Le propriétaire du manoir, remarquant qu'une vive lumière s'échappait de la chambre du Bienheureux, eut la curiosité d'en approcher. C'est alors qu'il aperçut le Maître de toutes choses prodiguant à son disciple des caresses à rendre jaloux les anges du Ciel, s'il pouvait en être ainsi. Le visage d'Antoine, transfiguré par cette vision,

Le divin Jésus se présenta à lui sous la forme d'un enfant resplendissant de douceur.

rayonnait de joie. Suivant la promesse qu'il en avait faite au Bienheureux, le châtelain ne divulgua ce secret qu'après la mort du thaumaturge.

Il se rendit ensuite à Brive fonder un ermitage aux environs de cette ville, creuser une grotte dans le roc, près d'une fontaine, où il pouvait se désaltérer tout en se livrant aux douceurs de la contemplation ;

1 *Liber miracul.*

les eaux de cette fontaine, sanctifiées par sa présence, produisent encore, sur les malades qui en goûtent avec foi, le recouvrement de la santé. Ses miracles le suivirent jusque dans ce désert ; mais ils sont si nombreux qu'il faut nous borner, vu le cadre de cet opuscule.

Les biographes du temps rapportent encore qu'un étang, qui se trouvait auprès du monastère de Montpellier, portait le nom de *lac de Saint-Antoine*, parce que notre Saint avait imposé silence à des grenouilles fort nombreuses, dont les croassements troublaient les religieux dans leurs prières et leurs études.

La Provence fut sa dernière étape, avant de quitter la France. Harassé de fatigue, une femme du peuple l'engagea à venir se reposer dans sa maison ; elle lui apporta du pain et du vin, mais, en retournant à son cellier, elle s'aperçut qu'elle avait oublié de fermer le robinet du tonneau, et que le vin s'était répandu à son grand détriment, car elle n'était pas riche. Elle fit part de son désespoir au Bienheureux, qui se mit de suite à prier avec ferveur, en se cachant la tête dans ses deux mains pour conjurer tout à son aise le Maître du Ciel d'avoir en compassion une si généreuse chrétienne.

Quelle fut sa surprise lorsqu'elle revint au caveau ! le tonneau était rempli. Elle ne savait comment remercier le thaumaturge, lorsque ce dernier prit le parti de se dérober à ces louanges qui ne doivent être rapportées qu'à Dieu seul.

Il fit alors ses adieux à la France, à ces montagnes illustrées par le repentir de sainte Madeleine, à cette terre du Languedoc, qu'il avait arrosée de ses sueurs et dont il restera toujours le saint populaire ; puis, il aborda en Italie. Il se rendit directement à Rome. Il y arriva au moment de la Semaine sainte, fier de la visiter au moment de son triomphe et de ses pompes religieuses qui surpassent toutes les autres ici-bas, de pouvoir prier librement sur le tombeau des Apôtres, baiser avec respect les ruines du Colisée, dont l'arène a été teinte du sang de tant de martyrs. Grégoire IX gouvernait alors l'Eglise, et la réputation de sainteté du Bienheureux l'avait déjà précédé dans la Ville Eternelle. Il lui ordonna d'annoncer, au peuple et aux nombreux pèlerins de nations et de langues différentes, les indulgences des stations de la Semaine sainte, en même temps qu'une croisade contre les Infidèles. Le Bienheureux répondit sans hésitation à la voix du Saint-Père, et le prodige opéré le jour de la Pentecôte se renouvela le jour de Pâques : tous l'entendirent, chacun dans sa langue ; aussi Grégoire IX, dans son ravissement, le surnomma-t-il [1] l'*arche vivante de la Bible*.

Il se dirigea ensuite vers Assise, le berceau de l'Ordre. Son cœur dut battre bien fort

Tous l'entendirent, chacun dans sa langue.

lorsqu'il visita la cellule qui avait reçu le dernier soupir du Patriarche séraphique. Il baisa avec amour la pierre de son tombeau et y pria longtemps.

Nommé Provincial de Bologne, il se rendit à Rimini, qui était un des principaux foyers des ennemis les plus acharnés contre l'Eglise. Malgré son zèle et son éloquence, la secte ne se convertissait pas ; aussi,

[1] *Liber miracul.*

après avoir ouvert son âme et répandu son affliction
devant Celui qui a souffert la mort pour le salut du
monde, il engagea ce peuple à le suivre sur la grève,
et, se tournant vers les flots de l'Adriatique, il s'écria :
« Poissons des mers et des fleuves, écoutez, c'est à
vous que je viens prêcher l'Evangile, puisque les pê-
cheurs refusent de m entendre. » A ces mots, une in-
nombrable quantité de poissons vinrent se ranger,

« Poissons des mers et des fleuves, écoutez, c'est à vous que je viens
prêcher l'Evangile. »

devant lui, tous ayant la tête hors de l'eau, les plus
petits sur le premier rang, les plus gros en arrière,
les engageant à remercier le Créateur auquel ils devaient une reconnaissance bien grande pour les avoir
tirés du néant et leur avoir fixé une si noble demeure.
Après leur avoir rappelé tout ce que Dieu avait fait
pour eux, il les bénit, les engageant à rentrer dans
leur élément ; puis, l'apôtre se tournant vers la foule
qui l'avait suivi : « Vous êtes les témoins de ce que
des créatures sans raison écoutent ma parole avec
une plus grande attention que des hommes créés à

l'image de Dieu. » Ce prodige les émut si fortement qu'ils se jetèrent aux pieds du thaumaturge, le priant de les éclairer et de les instruire des mystères de la foi chrétienne.

Dans une autre circonstance, des Pharisiens, croyant le mettre dans un grand embarras dont il ne pourrait sortir, invitèrent le Bienheureux à dîner, dans l'intention de lui présenter un mets empoisonné, mais ils comptaient évidemment sans l'intervention divine. « Prenez ce poison, lui dirent ils ; s'il ne vous fait aucun mal, nous vous promettons d'abjurer nos erreurs ; car, si vous croyez à la vérité de l'Évangile, pourquoi douteriez-vous du Fondateur de votre religion. — Pour le salut de vos âmes, je le prendrai, » dit-il. Et, faisant un signe de croix sur le mets empoisonné, il le mangea sans éprouver le plus petit malaise. C'est ainsi que l'apôtre, qui avait abordé Rimini dans la tristesse, le quitta dans la joie, au milieu du triomphe que lui accordait le souverain Maître [1].

A Gémona, lors de la fondation du couvent de cette ville, comme il dirigeait la construction de cet édifice, il pria un paysan qui passait sur la route de lui prêter sa charrette pour transporter des briques. Le paysan, peu décidé à lui prêter gratuitement son chariot, lui répondit qu'il ne pouvait obtempérer à son désir, parce qu'il emportait un mort. Il dissimulait la vérité, car le prétendu mort était son fils qui dormait étendu dans le chariot. Le bouvier voulut alors le réveiller pour lui raconter comment il avait attrapé le moine, mais ses efforts furent vains ; son fils était bien mort. Stupéfait et repentant à la vue du cadavre, le paysan quitta son char pour se jeter aux pieds du thaumaturge, le priant en sanglotant de lui rendre son fils. L'affliction du père lui fut si pénible que l'apôtre s'approcha du chariot, fit le signe de la croix sur le cadavre, et tendit la main au jeune homme, qui ressuscita à l'instant même.

L'année suivante, 1228, Antoine quitte Gémona, traverse Trévise et Venise à la hâte, car il lui tarde de voir Padoue et le monastère de ses frères. Il y

---

[1] *Liber miracul.*

prêche le Carême, évangélise toute la région, qui ne se lasse pas d'entendre une éloquence aussi irrésistible, et multiplie les miracles ; ici, c'est une mère qui lui présente son enfant en paralysie, et qu'il guérit ; là, c'est un père qui sollicite l'apôtre pour son enfant atteint d'épilepsie, et qui est également exaucé. Il convertit les bandits, qu'il réconcilie avec la société, force les usuriers à restituer le prix de leurs rapines, apaise les discordes politiques, étouffe les haines fratricides ; en un mot, il ramène partout la paix, la rendant surtout aux âmes les plus éprouvées ; aussi le prince des démons lui livrait-il de fréquents et terribles combats, dont il triomphait toujours avec sa prière habituelle : *O gloriosa Domina*...

Il évangélisa ensuite la Lombardie, fondant partout de nouveaux foyers franciscains ; à Milan, à Mantoue, il s'attache plus particulièrement à la conversion des Vaudois, leur montrant l'autorité divine de l'Eglise qui s'affligeait de leurs égarements et les appelait dans son sein pour leur pardonner ; aussi le nombre des abjurations augmentait-il chaque jour.

Vers cette époque, la Lombardie était opprimée par le féroce Ezzélino, gendre de Frédéric II, bourreau renouvelé de Néron, véritable tigre à face humaine. Padoue allait être exposée au même sort ; il était déjà aux portes de la ville, lorsque les habitants, effrayés, vinrent prier saint Antoine de s'employer à leur délivrance. Se transportant de suite à Vérone, dans le palais du tyran, il l'apostrophe ainsi : « Féroce tyran, le glaive de la justice de Dieu est suspendu sur ta tête, et son jugement sera terrible, si tu continues le cours de tes cruautés. »

Les gardes, étonnés d'un pareil langage, se disposaient, au premier signe de leur maître, à massacrer l'importun ; mais Ezzélino, revêtu de son armure, vint se jeter aux pieds de l'apôtre et implorer son pardon, tant les yeux du moine lui avaient paru menaçants. « Il me semblait, disait-il à ceux qui l'entouraient, que j'allais être précipité dans les flammes éternelles. » Le thaumaturge profita de cet amendement pour obtenir du tyran toutes les réparations désirables, car il était surtout ennemi de l'oppression.

Cependant, l'heure de la récompense était venue pour le Bienheureux. Il en fut averti par révélation, quinze jours avant sa mort, vers la fin de mai 1231. Accompagné d'un religieux, il se transporta à *Campo-San-Pietro*, petit bourg près de Padoue, où il avait fait construire un ermitage. Du sommet du coteau qui domine la ville, il bénit sa chère patrie, comme saint François mourant avait béni Assise, en s'écriant : « Sois bénie pour ton site ravissant, mais aussi pour la couronne d'honneur que le Seigneur te prépare [1].

Vers l'heure de midi, lorsqu'il prenait son repas, le 13 juin, le Bienheureux sentit que ses forces l'abandonnaient ; il manifesta alors le désir d'être transporté au monastère de Padoue, pour y mourir au milieu de ses frères. On l'emporta ; mais il était tellement épuisé qu'arrivé aux portes de la ville, en face de l'Arcella, monastère des Clarisses, les porteurs l'engagèrent à ne pas aller plus loin, disant qu'il trouverait le calme et le repos à l'hospice, où résidaient quelques religieux fran-

Se transportant de suite à Vérone, dans le palais du tyran, il l'apostropha ainsi... (P. 19.)

1 Jean de Pécham, chapitre XIII.

ciscains qui desservaient le monastère. Il y consentit, et, lorsqu'il eut repris quelque force, il se confessa et reçut la sainte Communion ; puis, d'une voix claire, mais défaillante, il entonna son hymne favorite : *O gloriosa Domina*, que sa mère répétait à ses oreilles lorsque, enfant, elle le berçait sur ses genoux.

Comme ses yeux de= meuraient fixés sur un objet invisible qui paraissait capti= ver son es- prit : « Que

Du sommet du coteau qui domine la ville, il bénit sa chère patrie. (P. 20.)

regardez-vous ? lui demandèrent ses frères étonnés, — Je vois mon Dieu ! » répondit-il.

Après avoir reçu l'Extrême-Onction, il resta, pendant quelques instants, en conversation intime avec le Ciel ; puis, doucement, sans agonie, son âme s'envola dans le sein de Dieu. C'était le vendredi 13 juin 1231 ; le thaumaturge allait avoir trente-six ans.

A peine avait-il rendu le dernier soupir que des groupes d'enfants parcouraient les rues de la ville en criant : *Le Saint est mort ! Saint Antoine est mort !* Son corps était un trésor dont les Clarisses, la ville et les faubourgs se disputaient les reliques avec les Frères Mineurs, qui prétendaient que le saint avait désigné leur couvent comme devant être sa dernière demeure. La cérémonie des funérailles fut triste, mais imposante. L'évêque de Padoue présidait,

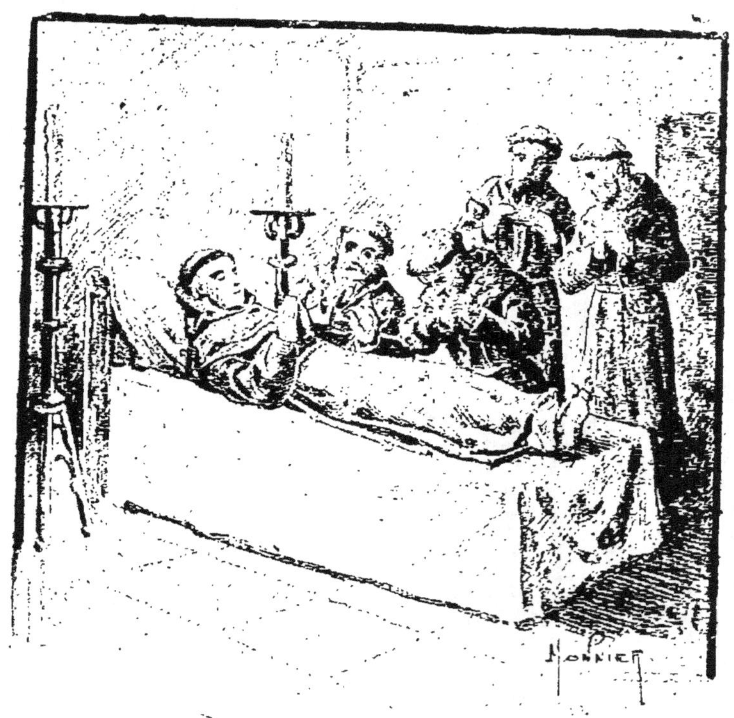

Mort de saint Antoine.

suivi du clergé, de l'Université et des plus illustres citoyens. Des aveugles, des paralytiques, qui imploraient le secours du saint ; tous ceux qui parvenaient à toucher sa châsse étaient guéris aussitôt. Ainsi accompagné, il fut enseveli dans la chapelle des Franciscains. La tombe était à peine fermée qu'elle devenait un lieu de pèlerinage où les miracles se multipliaient. C'est alors que Grégoire IX ordonna de commencer immédiatement les informations juridiques ; l'enquête terminée, à la fin du sixième mois, par une exception unique peut-être dans le martyrologe, le 30 mai 1232, fête de la Pentecôte, le Souverain Pontife promulguait solennellement le décret de canonisation.

En 1263, on exhuma les osséments de saint Antoine, pour les transférer dans une basilique construite en son honneur. Le corps était en cendres, mais la langue fraîche et vermeille comme celle d'une personne vivante ; singulièrement ému de ce prodige, saint Bonaventure, alors général de l'Ordre, prit avec respect la langue dans ses mains et, la portant à ses lèvres avec effusion, il s'écria : *O langue bienheureuse, toi qui n'as cessé de bénir le Seigneur et d'enseigner aux autres, nous voyons clairement combien tu étais précieuse à ses yeux.* Puis, elle fut remise aux magistrats sur un plateau d'or, pour être placée dans une châsse enrichie de pierres précieuses.

Le Pain de saint Antoine

L'illustre Thaumaturge est honoré de plus en plus dans les différents pays catholiques ; mais, en France, depuis la Révolution, époque à laquelle ses autels furent détruits, il n'en était presque plus question, lorsque, de nos jours, cette dévotion vient de reprendre un nouvel essor. Le mouvement est parti de la ville de Toulon pour s'étendre à toute la France. Dieu a choisi un modeste oratoire pour y concéder ses faveurs : Mlle Louise Bouffier, de Toulon, avait eu, tout d'abord, la pensée d'entrer au Carmel ; mais, devant soutenir ses parents, elle fut obligée d'y renoncer, se promettant bien de s'en dédommager en se consacrant aux œuvres pies. Une faveur qu'elle obtint par l'intercession de saint Antoine en fut le point de départ. Elle plaça, le jour même, dans son arrière-boutique, une statue du saint qui fut l'origine de grâces multiples et de merveilles qui attirèrent l'attention publique. C'est ainsi que cette pieuse personne devint la propagatrice du culte de saint Antoine, qui s'étendit très rapidement dans la France entière. Puisse ce réveil de la foi nous permettre d'espérer des temps meilleurs !

Dans cet oratoire, une lampe brûle nuit et jour devant la statue de saint Antoine. Deux troncs sont à la disposition des fidèles, destinés l'un à recevoir les demandes, l'autre les offrandes pour les grâces obtenues. Ces offrandes atteignent des sommes considérables avec lesquelles on achète pour les pauvres du bon pain blanc appelé *pain de saint Antoine*. En échange de ce pain, on demande à saint Antoine une grâce quelconque. Présentement, cette œuvre fonctionne en France dans un grand nombre de villes et de paroisses. Puisse cette dévotion se répandre de plus en plus pour la gloire de Dieu et de l'Eglise !

Nous adoptons la Neuvaine depuis longtemps en usage, recommandée par le saint homme de Tours
(M. Dupont)

ADRESSE A SON BON ANGE

Avant de réciter les prières à saint Antoine

Mon Ange tutélaire, mon cher Médiateur, qui avez la connaissance des vertus éclatantes et des qualités sublimes qui rendent saint Antoine de Padoue le digne sujet de l'amour de Dieu, des anges et des hommes ; puisque ce Saint est donné au monde pour patron de tous les fidèles, pour l'exemple dans la pratique des vertus et pour l'assistance de tout le monde dans tous les besoins spirituels et temporels, je vous prie de me faire entrer dans sa bienveillance, afin que, par sa bonté, il daigne me faire ressentir son assistance dans mes besoins ; faites-lui entendre, je vous conjure, que je l'ai pris pour mon Avocat, pour mon Consolateur et pour mon Défenseur ; qu'il me mette à l'abri de sa protection et sous sa garde très fidèle ; qu'il me soulage dans mes peines ; qu'il m'obtienne une entière conformité à la volonté de Dieu, et une protection contre le péché ; qu'il rompe les liens des perverses habitudes qui sont en moi ; et, lorsque j'aurai fait la perte d'un bien spirituel et temporel, que je le recouvre incontinent par son assistance, et que je sois éloigné de tout ce qui pourrait déplaire à la Majesté divine. Pour m'obtenir plus favorablement ces choses et tout ce qui m'est nécessaire, présentez-lui les prières que je vais réciter à son honneur et à la gloire de Dieu. Demandez de même pour mes parents et amis. et que les âmes du Purgatoire jouissent bientôt du repos éternel, et moi que je puisse sortir de telle affaire (N...) et qu'il m'octroie telle chose (N...), si c'est le bon plaisir de Dieu.

MÉTHODE SALUTAIRE
*Pour faire profitablement des Neuvaines à l'honneur
de saint Antoine de Padoue*

PREMIER JOUR

Glorieux saint Antoine, Père très débonnaire et refuge des affligés, je vous supplie de recevoir mes humbles prières, de m'obtenir de Dieu la force et la grâce pour supporter les maux de cette misérable vie avec courage et patience, de venir à bout des angoisses qui me pressent. Je vous en supplie par la miséricorde que Dieu vous a faite dès votre tendre jeunesse, vous prévenant des douceurs de sa bénédiction et vous attirant à lui pour l'aimer au-dessus de tout ce qui est créé. Ainsi soit-il !
Pater, Ave.

DEUXIÈME JOUR

Très doux et très aimable Patron, saint Antoine, pensez à moi qui suis votre serviteur : octroyez-moi le vrai repos de mon âme parmi les transes de ce siècle et m'affranchissez des angoisses où je suis, afin de jouir de la liberté des enfants de Dieu. Je vous en supplie par les grandes douceurs dont votre âme jouissait dans la retraite d'une vie religieuse qui vous rendait ici un vrai citoyen du Ciel et vous y faisait puiser les avant-goûts du Paradis. Ainsi soit-il !
Pater, Ave.

TROISIÈME JOUR

O Saint, très aimable et très aimant, échauffezmoi de vos flammes, et allumez dans mon cœur le feu de l'amour divin qui m'encourage pour surmonter les afflictions qui me pressent, et me faire mourir au monde, à la chair et au péché, pour ne vivre qu'en Dieu. Je vous en supplie par la très ardente charité qui vous brûla le cœur à la vue du sang des Martyrs de l'Ordre de Saint-François, et vous fit changer d'état, afin de trouver le moyen de mourir, comme eux, pour le nom de Jésus. Ainsi soit-il !

Pater, Ave.

QUATRIÈME JOUR

Antoine, l'Ami de Dieu, je vous recommande la conduite de ma vie humaine, vous suppliant de la régler selon la vôtre, de me tenir la main, de crainte que je ne tombe dans le péché mortel ; faites que je m'acquitte dignement de tous les devoirs d'un bon chrétien, sans jamais me séparer des voies de Dieu, pour quelque pressante tribulation ou tentation que ce soit, me gardant de donner scandale à personne, mais plutôt m'efforçant de coopérer au salut de tous et d'un chacun, par parole et bon exemple. Je vous en supplie par le zèle du salut des âmes qui vous fit entreprendre de si grands travaux pour convertir les pécheurs à la pénitence et conduire les bons dans les bonnes voies. Ainsi soit-il !

Pater, Ave.

• CINQUIÈME JOUR

Puissant et charitable Médecin, qui guérissez toutes les maladies, tant des âmes que des corps, prenez pitié de moi, car je suis malade, dépourvu de force, languissant et travaillé tantôt du froid, tantôt du chaud : l'orgueil et la vanité, la luxure et la convoitise, la colère, l'impatience et tous genres de vices sont mes fièvres ; votre puissance s'étend sur tout cela ; guérissez-moi, afin que, jouissant d'une parfaite santé de corps et d'âme, j'emploie l'un et l'autre à servir Dieu et à exécuter de toutes mes forces les œuvres qui lui sont agréables. Je vous en supplie par la vertu avec laquelle vous avez fait tant de guérisons miraculeuses. Ainsi soit-il !

Pater, Ave.

Sixième Jour

Patron et Protecteur de ceux qui se confient en vous, saint Antoine, je viens vous demander, non l'abondance, non pas aussi la pauvreté, craignant que l'une ne m'emporte à la vanité, l'autre à l'impatience, au chagrin et au désespoir, mais une honnête suffisance des choses nécessaires à l'entretien de ma vie (et de ma famille). Je suis composé de corps et d'âme : le corps a besoin de nourriture et de vêtements ; la grâce est nécessaire à l'âme pour vivre d'esprit, et servir Dieu qui est esprit ; tous deux sont exposés à beaucoup d'infirmités. Père et Proviseur des pauvres, assistez-moi et me délivrez de tout ce qui me peut nuire en l'un ou en l'autre. Je vous en supplie par le soin charitable que vous avez toujours eu de donner le secours de votre main à vos dévots. Ainsi soit-il !

Pater, Ave.

Septième Jour

Flambeau lumineux du monde chrétien, saint Antoine, je vous prie d'éclairer les yeux de mon esprit, pour connaître les vérités nécessaires à la bonne conduite de mon âme et de celles qui me sont commises, comme aussi pour découvrir les ruses de Satan et les pièges qu'il tend pour me surprendre ; ne permettez pas que je sois séduit par aucune erreur, ni renversé par aucun effort violent d'injure, d'adversité ou de tentation, quoique pressante, afin que, marchant toujours en vérité, je puisse plaire à mon Dieu et sauver mon âme. Je vous en supplie par le don de cette éclatante science que le Père des lumières a si largement répandue sur votre bénie âme, pour en éclairer l'univers. Ainsi soit-il !

Pater, Ave.

Huitième Jour

Charitable. Consolateur des affligés, voyez les angoisses qui me pressent, tirez-moi de ma peine, ou demandez à Dieu qu'il me donne une constante résignation, afin d'endurer pour l'amour de Celui qui, étant innocent, a bien daigné endurer pour les coupables. Je vous prie de ne jamais m'abandonner dans mes disgrâces et d'obtenir les consolations nécessaires à tous ceux qui en ont besoin comme moi. Prenez pitié des pauvres qu'on laisse mourir de faim, des orphelins qu'on fait gémir, et des veuves que l'on opprime cruellement : essuyez leurs larmes, suscitez des protecteurs qui défendent leur cause, des nourriciers qui pourvoient à leurs besoins, des consolateurs qui les encouragent à la patience, afin que, après avoir été fidèles à Dieu, ils méritent d'être introduits dans les Tabernacles éternels. Je vous en supplie derechef par la grande charité que vous aviez de tous les misérables. Ainsi soit-il !

Pater, Ave.

Neuvième Jour

Grand et fidèle Serviteur de la très digne Mère de Jésus, Marie, soyez mon Avocat et celui de tous vos dévots auprès d'elle, afin qu'elle nous soit favorable envers son cher fils, et que nous obtenions la rémission de nos péchés, les grâces nécessaires pour plaire à l'un et à l'autre, les secours efficaces dans nos afflictions et dans nos dangers, surtout dans la dernière agonie de la mort, afin que nous puissions heureusement finir nos jours dans la grâce de Dieu et jouir avec vous dans sa gloire. Je vous en supplie par la joie inexprimable qui vous saisit l'âme, lorsque l'enfant Jésus reposait entre vos bras, et lorsque sa douce Mère, Marie, vous visita personnellement au lit de la mort, toute prête à recevoir votre âme, pour la conduire au Ciel et l'introduire dans les joies du Seigneur. Ainsi soit-il !

Pater, Ave Maria.

LITANIES

DE SAINT ANTOINE DE PADOUE

Seigneur, ayez pitié de nous.

Jésus-Christ, ayez pitié de nous.

Seigneur, ayez pitié de nous.

Jésus-Christ, ayez pitié de nous.

Dieu le Père, qui régnez dans les Cieux, ayez pitié de nous.

Dieu le fils, Rédempteur du monde, ayez pitié de
 nous.
Dieu le Saint-Esprit, ayez pitié de nous.
Sainte Trinité, un seul Dieu, ayez pitié de nous.
Sainte Marie, Mère de Dieu,
Saint François, patriarche des pauvres,
Saint Antoine de Padoue,
L'ami de Jésus et de Marie,
Grand héros d'Espagne,
Lumière éclatante d'Italie,
Apôtre de la France,
Trompette de l'Evangile,
L'ornement de l'ordre séraphique,
Lys blanchissant de chasteté,
Perle précieuse de pauvreté,
Etoile brillante d'obéissance,
Vrai miroir de pénitence,
Flamme brillante de charité,
Vaisseau très pur de sainteté,
Pilier de la sainte Eglise,
Arche du Testament,
Trésor des Ecritures,
Docteur de la Vérité,
Extirpateur des vices,
Destructeur des hérésies,
Terreur des infidèles,
L'effroi des démons,
Zélateur du salut des âmes,
Consolateur des affligés,
Médecin des malades,
Ressuscitateur des morts,
Opérateur des miracles,
Surintendant des choses perdues,
Connaisseur des cœurs,
Imitateur des Prophètes,
Prophète et apôtre,
Martyr de volonté,
Eminent docteur,
La gloire des Saints,
Père, protecteur et patron très fidèle,
Vous, doux Jésus, soyez-nous propice,
De tout péché, délivrez-nous, Seigneur.

Priez pour nous.

Des embûches du diable,
De peste, guerre et famine,
De la mort éternelle,
Par les mérites de saint Antoine,
Par son ardente charité,
Par son esprit prophétique,
Par son grand zèle pour la conversion des pécheurs,
Par son désir excessif du martyre,
Par ses travaux infatigables,
Par son observance des vœux d'obéissance, de
     pauvreté et de chasteté,
Par la multitude de ses miracles,
Au jour du jugement,

Délivrez-nous, Seigneur.

Pauvres pécheurs, nous vous en prions, écoutez-nous.
Qu'il vous plaise de nous amener à une véritable
     pénitence, nous vous en prions, écoutez-nous.
Qu'il vous plaise d'allumer en nos cœurs le feu du
     divin amour, nous vous en prions, écoutez-nous.
Qu'il vous plaise de nous rendre participants des
     intercessions et mérites de saint Antoine, nous vous
     en prions, écoutez-nous.
Qu'il vous plaise de mettre et conserver notre patrie
     dans la protection de saint Antoine, nous vous en
     prions, écoutez-nous.
Qu'il vous plaise d'accorder entière santé d'âme et
     de corps à ceux qui recourent à saint Antoine, nous
     vous en prions, écoutez-nous.
Fils du Dieu vivant, nous vous en prions, écoutez-nous.
Agneau de Dieu, qui effacez les péchés du monde,
     pardonnez-nous, Seigneur.
Agneau de Dieu, qui effacez les péchés du monde,
     exaucez-nous, Seigneur.
Agneau de Dieu, qui effacez les péchés du monde,
     ayez pitié de nous, Seigneur.
Jésus, écoutez-nous.
Jésus, exaucez-nous.
     ℣. Saint Antoine, priez pour nous.
     ℟. Afin que nous soyons dignes des promesses de
Jésus-Christ.

ORAISON

O Seigneur Jésus-Christ, qui avez voulu être élevé

en croix le Vendredi saint, à la sixième heure du jour, et, à la neuvième, remettre votre esprit entre les mains de votre Père, nous vous prions très humblement, par les mérites de saint Antoine (dont l'âme partit aussi de ce monde le vendredi et le corps fut enseveli trois jours après), que nous puissions assidûment ressentir en nous les fruits et les effets de votre très sainte Passion, par l'entremise du même Patron : qui vivez et régnez avec Dieu le Père en l'unité du Saint-Esprit, par tous les siècles des siècles. Ainsi soit-il !

On trouve à la même librairie les brochures, les litanies et les images de la Sainte Face de N.-S. J.-C.

RÉPONS DE SAINT BONAVENTURE ET ORAISON DE SAINT ANTOINE DE PADOUE

Pour obtenir une grâce et retrouver les objets perdus

Si quæris miracula,
Mors, error, calamitas
Dæmon, lepra fugiunt ;
Ægri surgunt sani ;

Si vous voulez obtenir des miracles, invoquez saint Antoine de Padoue : à son nom, la mort, l'erreur, les calamités, le démon fuient ; les malades se lèvent en parfaite santé.

Cedunt mare, vincula ;
Membra, resque perditas
Petunt et accipiunt
Juvenes et cani.

La mer se calme ; les chaînes se brisent ; les membres sont guéris ; l'enfant comme le vieillard l'invoquent et retrouvent les objets perdus.

Pereunt pericula,
Cessat et necessitas ;
Narrent hi qui sentiunt,
Dicant Paduani.

Les dangers disparaissent, les nécessités cessent. Que ceux qui ont éprouvé ses bienfaits les racontent : que tes habitants, ô Padoue, les proclament !

On répète : Cedunt mare, etc.

On répète : La mer se calme, etc.

Gloria Patri, etc.

Gloire au Père, etc.

℣. Ora pro nobis, beate Antoni.

℣. Saint Antoine, priez pour nous.

℟. Ut digni efficiamur promissionibus Christi.

℟. Afin que nous soyons rendus dignes des promesses de Jésus-Christ.

OREMUS	ORAISON
Ecclesiam tuam, Deus, beati Antónii confessoris tui commemoratio votiva lætificet : ut spiritualibus semper muniatur auxiliis et gaudiis perfrui mereatur æternis. — Per Christum Dominum nostrum.	Faites, mon Dieu, par l'intercession de saint Antoine de Padoue, que les enfants de votre Église se réjouissent en célébrant sa Mémoire, qu'ils soient favorablement secourus dans tous leurs besoins, et qu'ils méritent l'éternelle félicité. — Par N.-S. Jésus-Christ.
Amen.	Ainsi soit-il.
Pater, Ave.	Notre Père, Je vous salue.
Sancte Antoni, ora pro nobis.	Saint Antoine priez pour nous.

O grand saint Antoine ! vous dont le cœur est si plein de bonté, et qui avez reçu de Dieu le pouvoir spécial de faire retrouver les choses perdues, secourez-moi, en ce moment, afin que, par votre assistance, j'obtienne la grâce que je sollicite, et que je puisse ainsi glorifier de plus en plus le Seigneur, qui opère par vous de si grandes merveilles.

ORAISON

Pour remercier saint Antoine de Padoue de la grâce obtenue

Soyez mille fois béni, ô glorieux saint Antoine de Padoue, vous qui êtes l'astre brillant de l'Espagne, l'apôtre glorieux de la France, la lumière éclatante de l'Italie, la terreur des hérétiques, la consolation des fidèles et la gloire de Padoue.

Gloire au Père, etc. — ℣ et ℟, comme ci-dessus.

Indulgence plénière aux mêmes conditions, une fois le mois, pour tout fidèle qui aura récité tous les jours, pendant le mois, le Répons : *Si quæris miracula.* (Pie IX, 1869.)

Indulgence de 100 jours chaque fois qu'on récite ce répons : *Si quæris miracula.* (Pie IX, 25 janvier 1865.)

Permis d'imprimer :

J. SELLIER, vic. général.

Tours, imp. DESLIS FRÈRES, rue Gambetta, 6.

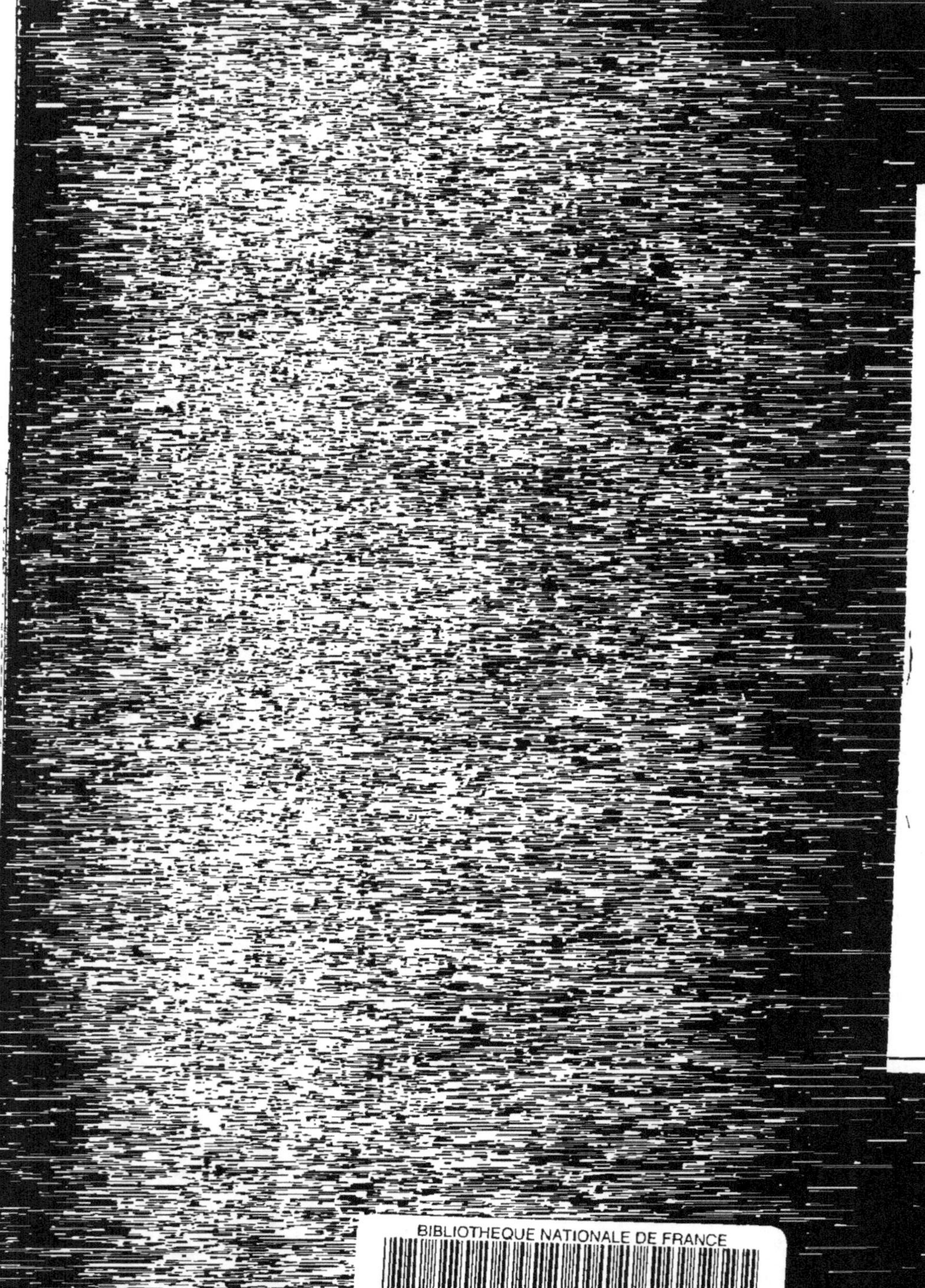